AF260133

L 40 b
3019

ÉLOGE DE MIRABEAU,

PRONONCÉ

LORS DE L'INAUGURATION DU BUSTE

DE CE GRAND HOMME,

PAR J. P. ROGER, Doctrinaire, Professeur d'Eloquence au College de l'Esquille ;

Imprimé par les soins de la Société des Amis de la Constitution, séante à Toulouse.

A TOULOUSE,

Chez D. DESCLASSAN, Maître-ès Arts, Imprimeur de l'Académie Royale des Sciences.

1791.

INAUGURATION

DU BUSTE DE MIRABEAU,

PAR LA SOCIÉTÉ

DES AMIS DE LA CONSTITUTION

DE TOULOUSE,

LE 14 JUILLET 1791.

L'AN TROISIEME DE LA LIBERTÉ.

LA Société des Amis de la Conſtitution ayant ſait venir de Paris le buſte du grand Mirabeau, ouvrage du célebre Houdon, vouloit en ſaire l'inauguration avec beaucoup de pompe & de ſolennité. Dans ce deſſein, elle a choiſi, pour cette auguſte cérémonie, le jour deſtiné à célébrer l'anniverſaire de la révolution, afin que ces deux fêtes civiques ſe prêtaſſent un éclat mutuel, & que tous les inſtans de cette journée fuſſent conſacrés au culte de la liberté & à l'apothéoſe de celui qui en ſut le Héros.

L'hommage que nous préparions à Mirabeau, conſiſtoit principalement dans l'éloge de ce grand homme;

(4)

M. Roger , Doctrinaire , membre de notre Société,
avoit été chargé de le prononcer. Comme la falle de nos
féances n'offroit pas une affez vafte enceinte , on a fait
choix de l'Eglife des Cordeliers. Des Artiftes , pris dans
le fein de la Société , fe font occupés des préparatifs de
cette fête. L'image augufte de Mirabeau a été placée fur
un amphithéatre décoré fans fafte , mais avec une ma-
jefté impofante. On a eu foin de recueillir & de retracer
autour de ce monument les plus beaux traits du génie
de Mirabeau , ces paroles éloquentes auxquelles la France
a dû plufieurs fois fon falut.

A l'heure indiquée , la Société s'eft rendue au lieu de
la cérémonie ; elle étoit accompagnée des jeunes Amis
de la Conftitution , & précédée par la troupe des jeunes
Eleves qui marchoit avec tout l'appareil militaire. Ceux-
ci fe font rangés autour du bufte , & le fpeñacle de
l'enfance qui fembloit rechercher de plus près l'influence
du génie que nous célébrions , formoit un tableau touchant & animé.

Bientôt après font arrivés les Adminiftrateurs du Département , ceux du Diftriñ & les Officiers Munici-
paux fuivis de toutes les Légions , dont la marche triomphale étoit divifée par plufieurs corps de mufique.
Les Tribunaux & le Clergé conftitutionnel s'étoient
déjà rendus.

La vafte enceinte du vaiffeau qui renfermoit cette
nombreufe Affemblée , & le tumulte inféparable d'une
prodigieufe affluence , n'ont permis de faifir que quel-

ques traits du Difcours de M. Roger, qui ont fait regre-
ter ce qu'on n'a pu entendre.

Le Difcours terminé, on eft forti dans l'ordre fuivant :
les Canonniers, les jeunes Eleves, un corps nombreux
de mufique, une compagnie de Grenadiers ; le bufte de
Mirabeau, placé fur un bouclier foutenu par des lances
croifées, étoit porté par des membres de la Société ; il
paroiffoit y repofer fur un trophée que couronnoit le
bonnet de la liberté ; le drapeau de la fédération de
Touloufe, & celui de la fédération bordelaife mar-
choient aux deux côtés ; on voyoit enfuite la repréfentation en relief de la baftille, dont M. Palloi a fait hommage au Département. M. le Préfident & les Secré-
taires de la Société fuivoient immédiatement avec les
Corps invités & tous les Sociétaires ; les Légions dans
le plus bel ordre achevoient de rendre ce cortege bril-
lant & majeftueux.

C'eft dans cette pompe vraiment triomphale que nous
avons parcouru les principales rues de la Ville. Il a été
facile de décrire l'ordre de notre marche ; mais ce qu'il
eft impoffible de rendre, ce font les tranfports des Citoyens en voyant l'image augufte de notre Libérateur ;
cette vue arrachoit des larmes de tendreffe aux amis de
la liberté ; elle forçoit l'hommage même des mécontens
qui n'avoient pu réfifter au défir de contempler les traits
d'un homme fi extraordinaire : tout ce qui s'offroit aux
yeux rappeloit de grands fouvenirs ; les émotions diverfes qui nous avoient agités depuis l'époque de la ré-

volution , fe répétoient dans nos ames, & l'illufion de la mémoire avoit concentré, pour ainfi dire , dans un feul point , les jouiffances de deux années.

Enfin, le bufte a été dépofé , au milieu des applaudif-femens & des tranfports d'alégreffe , dans le lieu ordi-naire de nos féances. M. le Préfident a remercié les Corps adminiftratifs & judiciaires, & fon difcours, digne de la pompe de ce jour mémorable , a été vivement applaudi.

Un banquet patriotique a terminé cette fête , que la Société regardera toujours comme une époque tout à la fois heureufe & honorable pour elle.

Extrait des regiftres de la Société des Amis de la Conf-titution , féante à Touloufe.

JULIEN, Préfident.

MOREL,
LIGNAC,
AZAIS,
LIBES,

ÉLOGE

DE MIRABEAU.

L
ORSQUE cet homme célebre, dont les cendres
doivent être déposées dans le Panthéon français (1), à côté de celles de Mirabeau ; lorsque

---

(1) Lorfque la France a perdu Mirabeau, l'Affemblée
Nationale a fenti combien il pouvoit être utile de perpé-
tuer la mémoire de nos Libérateurs , & de tranfmettre
à la poftérité , avec les monumens de leur gloire , les
témoignages de notre reconnoiffance ; elle a voulu recueillir religieufement les cendres des bienfaicteurs des
hommes , & un Décret folennel a confacré à cet ufage
le nouvel édifice de Ste. Genevieve. Le premier qu'elle
a admis dans ce nouveau Panthéon , eft le vrai Reftau-
rateur de notre liberté , le grand Mirabeau. Elle vient
d'attribuer le même honneur à Voltaire. C'eft de là que
j'ai pris occafion de rapprocher ces deux grands Hommes.
Outre les rapports que j'ai trouvé dans leur apothéofe ,
j'aurois pu , fi je n'avois craint de paroître diffus , mettre
en parallele leur influence fur notre liberté. Le génie de
Voltaire avoit préparé & prédit notre révolution ; le génie

Voltaire étoit près de defcendre dans la tombe ; les Poëtes & les Philofophes fe ré uirent pour célébrer le Neflor de la Littérature. Une ftatue fut érigée à l'immortel auteur de Mérope & de Mahomet ; Melpomene elle-méme en fit l'inauguration dans fon divin langage : tous les fpectateurs furent d'abord ravis par le fentiment de l'admiration ; mais lorfqu'elle vint à parler du moment funefte auquel ce merveilleux génie fubiroit la deftinée commune, elle vit tous les yeux fondre en larmes, & fes propres fanglots fufpendirent cette augufte cérémonie ; appuyée fur la ftatue du grand homme qu'elle préconifoit, elle l'honora plus encore par fa douleur muette que par fes difcours éloquens.

Ce tableau m'offre bien des traits de reffemblance avec celui qui frappe ici mes yeux. Les Gens de Lettres & les Favoris des Arts pleuroient

de Mirabeau l'a opérée. Tous deux oferent prendre un libre effor dès leurs premiers ans ; tous deux en furent punis par la captivité du corps. Ce fut dans les fers que le premier aiguifa fes traits redoutables, & que le fecond forgea fes foudres vengereffes. L'un a vu des Rois jaloux de fes triomphes, l'autre a vu les tyrans trembler à fon feul nom : l'un eft regardé comme un phénomene littéraire, & la diverfité de fes talens femble ne pouvoir être expliquée que comme l'hiftoire d'Hercule : mais la poftérité croira bien plus difficilement à l'exiftence du fecond, lorfqu'elle tentera de mefurer l'immenfité de fa gloire.

leur Protecteur ; enfans de la liberté, nous gémissons sur la perte de son Héros. Ils célébroient la mémoire d'un pere ; nous consacrons notre piété filiale envers le Génie créateur qui nous conçut dans sa vaste pensée, & nous confia la propagation & la défense de notre sainte Constitution. Si j'étends encore la comparaison, j'y trouve une différence cruelle, & qui doit ajouter à notre douleur. Voltaire, lorsqu'on lui rendoit ces honneurs, avoit parcouru une carriere aussi longue que brillante ; il approchoit du terme de la vie humaine, mais il jouissoit encore de sa gloire ; il ne nous reste, de notre Héros, qu'un marbre inanimé, & c'est dans la vigueur de l'âge qu'il nous a été impitoyablement ravi ! Combien nos regrets doivent-ils être plus amers ! Quelle affreuse calamité ! La France a perdu son libérateur, l'Europe son flambeau, le genre humain son ami : la Patrie, les Nations, l'humanité, tout doit être sensible à la perte du grand Mirabeau.

Pardonnez, Messieurs, si je viens de rouvrir la plaie de vos cœurs, & si j'ai retardé un moment l'hommage que nous devons à la mémoire de cet homme illustre. A la vue de ce triste monument de notre reconnoissance, je n'ai pu m'empêcher de céder à la douleur. Mais je ne dois point tromper vos vœux ; entraîné par le désir de les satisfaire, je vais vous entretenir des actions héroïques, des écrits sublimes & des bienfaits fignalés qui ont marqué tous les inſtans d'une vie trop tôt terminée.

Pardonne, ombre illuſtre, pardonne l'audace que j'ai d'entreprendre ton éloge, en faveur des ſentimens d'adoration que je profeſſe pour toi. Ton vol d'aigle te dérobera ſouvent à mes regards, & j'ai lieu d'appréhender que le ſentiment ne pourra pas long-temps me tenir lieu de génie : mais ſi tes manes ſacrés ſont ſenſibles à la gloire , préſide toi-même à mes diſcours , & rechauffe mon ame de quelque étincelle de ce feu céleſte dont la tienne étoit embraſée..... Et toi, ma Patrie, pardonne, à l'ambition de te rendre hommage , le zele téméraire qui me fait célébrer , en ta préſence, le plus grand de tes Défenſeurs.

L A marche de la nature eſt la même dans l'ordre moral & dans l'ordre phyſique. Comme elle prépare en ſilence , dans les entrailles de la terre , ces feux dévorans qui s'élevent tout-à-coup des montagnes embraſées , après avoir fermenté dans leur ſein , ainſi elle ſemble recueillir ſes forces, en combiner long-temps le mouvement & l'exploſion , avant d'enfanter quelqu'un de ces hommes extraordinaires qu'elle deſtine à changer la face des Empires. Que ne puis-je développer à vos yeux ce merveilleux concours de paſſions &

de revers par lefquels elle avoit éprouvé & préparé pour notre révolution , cet homme unique dont la perte laiffe parmi nous un vuide immenfe ! Mais s'il eft difficile de faifir toutes les circonf-rances qui ont contribué à cet étonnant prodige , tâchons dumoins de rappeler les plus frappantes , & nous verrons comment notre Héros fut appelé , dès fes plus jeunes ans , à fa haute deftinée.

C'étoit peu d'avoir reçu du Ciel une de ces ames privilégiées dont la bouillante activité préfage la future grandeur ; le jeune Mirabeau devoit encore s'éclairer à l'école de la raifon , & fe fortifier par les terribles leçons du malheur , avant de parvenir à ce haut point de gloire d'où nous l'avons vu naguere fonder notre liberté & la défendre , fixer l'admiration des peuples qu'il inftruifoit fur leurs droits , & , femblable au tonnerre , porter l'effroi dans le cœur des defpotes orgueilleux.

L'ami des hommes (1) fut le pere de l'ami de la liberté , & celui-ci commença de bonne heure

______

(1) Le Marquis de Mirabeau , pere de celui que nous célébrons, eft l'Auteur d'un ouvrage connu fous le nom de *l'Ami des hommes.* Tout cet ouvrage en général a pour objet la néceffité & les moyens d'encourager l'agriculture. L'égalité & la liberté font les bafes du fyftême que l'Auteur adopte pour la profpérité des Etats. C'eft ce même fyftême qu'a adopté fon illuftre fils.

à nourrir fon ame de cette paffion fublime, de cet amour de l'humanité qui refpire dans l'ouvrage immortel du grand homme dont il reçut le jour. Ce magnifique fyftême de félicité publique qu'il étudia, fous les yeux même du génie bienfaifant qui l'avoit imaginé, féconda l'heureux germe des vertus dont nous recueillons aujourd'hui les fruits précieux. Qu'il devoit être intéreffant de voir un pere illuftre révéler à fon digne éleve les fecrets de cette morale célefte émanée du fein de la Divinité, & deftinée à la profpérité des Nations ! Quelle douce fatisfaction pour le maître de voir la lumiere de la vérité pénétrer rapidement dans l'ame ardente du jeune homme ! S'il retarde ou fufpend fa marche en faveur de fon fils, celui-ci fe venge de cette injufte défiance, en devançant fon pere étonné. Bientôt ils fentent le prix l'un de l'autre, & leurs leçons fe changent en un commerce enchanteur de confiance & d'amitié. Le pere, joyeux d'avoir un rival dont la gloire réjailliroit fur lui-même, le traitoit en égal, & lui confioit ces myfteres de la raifon, ces droits facrés de la nature humaine, gravés dans fon cœur en traits de flamme, exprimés dans tous fes écrits, mais avec les ménagemens que commandoit alors la crainte funefte d'un defpotifme intéreffé à étouffer toutes les lumieres. Il fe dédommageoit, au milieu de fa famille, de cette contrainte fi pénible à un homme paffionné pour la vérité. C'eſt dans ces tendres entretiens qu'il formoit ſon plus bel ouvrage , en épanchant librement ſon ame franche dans le ſein d'un fils qui écoutoit tous ſes diſcours avec avidité. Le jeune Mirabeau s'enflamme au récit des grandes actions, s'indigne à la vue des outrages faits à l'humanité par la tyrannie ; une ardeur brillante étincelle dans ſes yeux , & le pere tranſporté preſſent déjà que ſon fils eſt fait pour remplir ſes vues ſublimes. Il porte ſes regards dans l'avenir , il calcule les progrès des lumieres , il prévoit l'époque heureuſe où le courage de ce jeune Héros pourra ſe ſignaler impunément. Sentiment délicieux , vous rempliſſiez toute ſon ame , lorſqu'un événement malheureux vint l'afiliger ! Son fils , plein de la connoiſſance de ſes propres forces , s'échappe de ſes bras pour ſe livrer à ſa deſtinée. La tendreſſe paternelle en conçoit de trop vives alarmes. Elle croit toutes ſes eſpérances renverſées , parce qu'emporté par cette activité ſurnaturelle qui fait l'eſſence des grandes ames, le jeune Mirabeau s'eſt élancé hors de la ſphere dans laquelle il s'étoit agité juſqu'alors. O Philoſophe ! bannis ces vaines craintes , éleve ton ame au-deſſus d'une foibleſſe repréhenſible , & pardonne à ton fils cet écart d'un caractere impatient qui ne ſecoue le joug que pour aller briſer celui des Nations.

Les mouvemens de la Hollande ſemblent l'appeler ans cette contrée, devenue intéreſſante & célebre depuis qu'elle avoit conquis fa liberté. Un rejeton élevé fur les ruines du defpotifme fanguinaire de Philippe II, le Stathouderat fondé avec la liberté en étoit devenu le plus redoutable ennemi. Plus d'une fois il avoit tenté de renverfer les barrieres qui reftreignoient fon ambition. De nouvelles tentatives femoient l'inquiétude & le trouble parmi ces vertueux Bataves chez qui l'amour de la liberté avoit renouvelé les merveilles de la vénérable Lacédémone. Mirabeau n'avoit pas vingt ans , & déjà , profitant de ces momens d'effervefcence , il inftruifoit, il exhortoit (1) , il encourageoit ces peuples à fauver la liberté qui faifoit leur puiffance , qu'ils avoient achetée par quarante ans de fatigues & de combats , & qu'ils n'avoient obtenue qu'en uniffant à leurs efforts le fecours de l'Océan. Jeune & fans appui , notre Héros bravoit un tyran ambitieux & cruel , jufques dans fes propres Etats , fur une terre encore fumante du fang de Barnevelt. L'exemple effrayant de ce zélé Républicain qui périt fur l'échafaud à l'âge de foixante-douze ans , pour avoir rejeté avec indignation le projet odieux d'affervir fa Patrie , n'intimida point Mirabeau. En étouffant de fes mains , foibles encore , l'hydre du Stathouderat , il s'exerçoit à dompter un jour tous les monftres qu'avoit enfantés le defpotifme.

---

(1) Voyez fon adreffe aux Bataves.

Biéntôt après , enfermé dans les murs de Vincennes , il dirigea les armes puiſſantes de ſon
éloquence contre ces ordres arbitraires qui ont
précipité dans des cachots affreux tant d'innocentes
victimes , contre ce fléau deſtructif de la liberté
perſonnelle , ces traits redoutables lancés par des
mains inconnues , de ſorte que les malheureux qui
en étoient frappés , ne ſavoient ni à qui adreſſer
leurs plaintes , ni contre qui tourner leurs malédictions. A la voix de Mirabeau , les miniſtres de
ces iniquités ont tremblé , la vengeance cruelle &
la barbare intolérance ont frémi , ſon propre
Gardien (1) épouvanté a pris la fuite , & cet
illuſtre captif ayant recouvré ſa liberté , ſe déchaîna
avec un nouveau courage contre le deſpotiſme
qu'il avoit bravé juſques dans ſon fort.

Il n'eſt pas un ſeul de ſes écrits qui ne rentre
dans le ſyſtême hardi de la guerre qu'il lui avoit
déclarée. Ce fut pour fortifier ſes deſſeins de tout
le pouvoir de l'opinion , qu'il ſe déclara l'apologiſte
de la liberté de la preſſe. Il regardoit tout obſtacle
aux progrès des lumieres comme un mal , & rejetoit comme une objection ſpécieuſe , la crainte
puſillanime de la licence des libelles , qui ne ſauroit
alarmer l'homme vertueux , parce que la gêne

(1) Le Gouverneur de Vincennes vivement attaqué
dans l'écrit éloquent de Mirabeau ſur les lettres de
cachet.

ne retient pas les méchans dont il méprise les attaques impuissantes. Ainsi , brisant avec violence les diverses chaînes dont les tyrans se servoient pour captiver à la fois le corps & la pensée , Mirabeau dégageoir la liberté des entraves qui retenoient son essor.

Sentiment précieux de l'égalité , privilege glorieux des hommes libres , tu dominois sa grande ame , & c'est toi qui lui fis élever ce noble cri d'indignation , qui se communiqua rapidement de l'un à l'autre hémisphere (1). Une distinction , peu dangereuse en apparence , alloit déparer le bel ouvrage de la Constitution Américaine. Après avoir consolidé l'édifice de la liberté chez ce peuple heureux qui nous a servi de modele, les Héros des Etats-Unis vouloient consacrer le moment de leur séparation , ce moment où ils rendirent un hommage si touchant aux vertus de Wasington , par les larmes qui coulerent de leurs yeux , lorsqu'ils s'apperçurent que la vieillesse avoit osé imprimer ses outrages sur le front d'un Héros digne de l'immortalité. L'ordre qu'ils établirent n'étoit qu'un emblême peu fastueux de l'union & des sentimens qui avoient long-temps attachés aux mêmes périls & aux mêmes succès ces honorables défenseurs de la liberté. Le nom rappeloit le souvenir de ce

____

(1) Son écrit contre l'établissement de l'ordre de Cincinnatus.

Romain

Romain, qui paſſa de la charrue à la dictature, & retourna cultiver ſes champs après avoir ſauvé ſa Patrie. Une pareille diſtinction n'alarma point les Américains ; leur ſécurité venoit d'une louable reconnoiſſance. Mais Mirabeau, dont la vigilance embraſſoit les deux mondes, & s'élançoit dans l'avenir, ne vit dans cette inſtitution qu'un attentat contre cette égalité, qui pouvoit ſeule aſſurer aux Colonies les avantages d'une noble indépendance. Cette ame républicaine appréhendoit avec raiſon les funeſtes effets de cette gratitude trop confiante, par laquelle les peuples corrompent ſouvent leurs bienfaicteurs, & ſe forgent eux-mêmes des chaînes.

Adorateur zélé de la Liberté, il ne ſe contentoit pas de veiller à la gloire de ſes Autels dans les lieux où elle étoit honorée ; il vouloit encore établir ſon culte au ſein même de la ſervitude. La mort avoit précipité du trône ce deſpote célebre dont toute la gloire militaire ne ſauroit couvrir les exactions & les brigandages qu'il exerça ſur ſes ſujets, par le plus révoltant mépris de l'eſpece humaine. Mirabeau avoit vu de près ce lion du nord ; mais ni les careſſes, ni le génie, ni le courage, ni les ſuccès de Céſar ne purent éblouir les yeux de Brutus. Celui-ci n'avoit admiré qu'en frémiſſant ce grand caractere, développé par le poſte éminent qu'il occupoit, & dévoré par une ambition à laquelle il ſacrifioit avec prodigalité l'or & le

fang de fes peuples. Les fautes comme les fuccès
de Frédéric étoient d'utiles leçons pour fon fuc-
cefleur ; Mirabeau les avoit recueillies, & il vint
les préfenter lui-même au Prince régnant le jour
de fon avénement au trône (1). Il ofa lui propo-
fer de faire une Monarchie ftable & profpere,
d'un Royaume qui n'étoit plus qu'un vafte camp,
& de fonder fur la juftice, la liberté & le refpect des hommes, le bonheur d'un peuple jufqu'alors opprimé & avili. Ce dut être un fpectacle
bien confolant pour ce peuple de voir un Citoyen
étranger donner à leur Roi des avis libres, des
leçons courageufes, & le flambeau de la vérité à
la main, diffiper les vapeurs enivrantes de la baffe
flatterie....... Levez-vous maintenant, vils détracteurs de mon Héros, vous qui répandez le poifon
de vos cœurs fur toutes fes actions ; vous qui ne
pouvez concevoir le courage de faire le bien pour
lui-même, dites-nous donc quel coupable motif
infpiroit à Mirabeau de pareilles démarches ? Le
même affurément qui animoit le vertueux Fénélon,
lorfqu'il inftruifoit fon éleve par le tableau même
des vices de la Cour & des fautes de fon aïeul.
Ames fublimes ! auguftes Héros de l'humanité ! fi
vos traits font différens, votre ambition étoit dumoins la même. Tous deux vous aviez le noble

---

(1) Sa lettre au Prince Guillaume, actuellement
Roi de Pruffe.

défir de contribuer au bonheur des hommes.
L'amour de vos femblables étoit le principe & le
mobile de vos actions, l'ame de vos écrits. L'un
plus tendre & plus timide n'a préfenté la vérité
que fous un voile ; il craignoit, en la montrant toute
nue, d'offenfer des yeux qui redoutoient fon éclat ;
plus doux & plus aimant, la teinte délicieufe de
fa fenfibilité répand un charme féduifant dans fes
ouvrages ; le fiecle n'étoit pas affez mûr pour goûter
fes leçons, & il fut réduit à la trifte néceffité de
ménager, par des reflets heureux, la trop vive clarté
de cette lumiere philofophique qui a commencé
par lui à nous éclairer ; il mourut avec le regret de
n'avoir qu'entrevu l'aurore du jour de la liberté qui
devoit luire fur la France. Mirabeau, né dans des
temps plus heureux, a pu s'abandonner à toute
l'impétuofité de fon ame : former des Rois pour
le bonheur des hommes, lui a paru un moyen trop
lent & trop incertain ; il a cru plus sûr de former
les hommes, & de les mettre à même de réformer
les tyrans qui les opprimoient ; il n'a pas négligé
d'annoncer aux Princes leurs devoirs, mais avec
une fermeté & un courage inflexible ; en mourant,
il a emporté la douce satisfaction d'avoir rendu
la liberté à fes Concitoyens, & l'idée plus douce
encore d'avoir préparé la chûte de toutes les
tyrannies.

Il en avoit réfolu la ruine entiere, & il n'en
eft point à laquelle il n'ait porté des coups mor-

(20)

tels. Il les pourſuivoit dans tous les lieux, ſans s'effrayer des formes biſarres qu'elles pouvoient em-
prunter. En vain s'étoient-elles réfugiées dans le
dédale des finances, guidé par le fil de la raiſon,
il développa l'embarras de ces routes obſcures.
La coupable défaveur dont on paya ſes premiers
efforts contre le monſtre de la fiſcalité, ne le dé-
couragea point. Il ne ceſſa de ſe livrer avec une
conſtance admirable, avec un ſuccès redouté, à ce
travail pénible & bien ingrat chez un peuple do-
miné par l'amour de la féerie & des romans, que
ſes tyrans amuſoient pour lui faire oublier ſa ſervitude. Ainſi ſon mérite n'avoit d'autres apprécia-
teurs que ceux qui étoient intéreſſés à l'étouffer.

Cependant ſa perſévérance ne fut point inutile,
& ſon écrit éloquent contre l'agiotage (1) ouvrit
les yeux de la Nation ſur l'abîme affreux dans
lequel on alloit la précipiter. Sacrifiant l'éclat à
l'utilité, il ſe livre aux diſcuſſions les plus arides,
aux recherches les plus épineuſes, à la douloureuſe
tâche d'enregiſtrer des forfaits qui affligeoient ſon
ame. Il découvre aiſément le triſte rapport qui ſe
trouve entre nos reſſources, & des dettes immenſes
à payer. Il voit la Nation expoſée à de ſiniſtres
deſtins, par les calamités déſaſtreuſes qui s'étoient

____

(1) Sa dénonciation de l'agiotage à l'Aſſemblée des
Notables en 1787.

jointes, pour épuiser la France, aux délires meurtriers de l'agiotage. Il frappe d'opprobre & de mépris, ces hommes qu'une baſſe cupidité, une eſcroquerie audacieuſe aſſocie aux ſcélérats réfugiés dans l'obſcurité des forêts. Il ne ſe contente pas d'avoir marqué les funeſtes effets de cette opération infernale ; il y cherche des remedes ; il ne voit d'autre reſſource que dans une Conſtitution qui mettroit l'eſprit public & régénérateur à la place des combats incendiaires de l'intérêt perſonnel. Dès-lors excité par le ſentiment preſſant d'un grand danger, il manifeſte ſon vœu pour la régénération de notre Empire. Dès-lors il s'éleve contre cette diviſion d'ordres, cette agrégation de Provinces dont les intérêts divers détruiſoient tous les liens ſociaux. Ses cris, répétés au même inſtant dans tous les coins du Royaume, annoncent que le peuple Français n'eſt pas loin de recouvrer ſes droits. Mirabeau embraſſe avec ardeur cette idée précieuſe, & ſon ame, en ce moment, ſe dévoue toute entiere au ſalut de la Patrie.

Les traits brûlans qui partirent alors de ſon génie, hâterent la maturité de la Nation pour cette révolution heureuſe, dans laquelle il a déployé toutes les merveilles du plus grand talent qui ait jamais exiſté, d'un talent exercé dans les plus importantes queſtions de la politique, & qui avoit reçu une ſinguliere énergie des événemens orageux & des paffions tumultueufes qui agiterent la jeuneffe de notre Héros.

Je viens de rappeler à votre efprit le fouvenir des erreurs qui femblent obfcurcir la gloire d'une fi belle vie. Laiffons l'enthoufiafte aveugle s'efforcer de les diffimuler ; laiffons l'envie exhaler inutilement fon venin aux pieds de la ftatue de Mirabeau. Pour moi, qui n'ai point un homme ordinaire à louer, je n'imiterai point ces panégyriftes de mauvaife foi qui déguifent ou trahiffent la vérité , & s'abandonnent aux plus fauffes exagérations pour relever des vertus communes. Je l'avouerai donc avec courage , on peut remarquer quelques taches fur le tableau que je viens d'expofer à vos yeux. C'eft ainfi que les Aftronomes en ont découvert dans le foleil même ; mais elles font abforbées dans ce globe immenfe de lumiere.

Eh ! qu'y a-t-il de furprenant que le tumulte des paffions ait élevé quelques nuages , excité même quelques tempêtes fous un fi vafte horizon ? O vous dont tous les efforts s'attachent en vain à ternir la gloire de mon Héros , vous l'aviez donc pris pour un Dieu ! Quelle eft votre folie de relever , avec un odieux plaifir, quelques erreurs fans lefquelles fon humanité feroit devenue un problême ? Hommes faits pour ramper , vous n'éprouvez que des paffions faciles à réprimer , & vous ne connoiffez point ces brûlans emportemens, cette ardeur impétueuse qui agitent les grandes ames, les développent & les préparent pour les grands événemens, comme la foudre qui se forme dans le sein de la nue orageuse.

Cessez, cessez vos injustes murmures, & adorez les desseins de la Providence qui nous fait tous naître, croître, vivre & mourir avec des passions, & ne distingue elle-même les grands hommes des hommes vulgaires, que par une impulsion plus vive & plus ardente qu'elle donne à leurs ames. Ah ! jetons un voile sur ces erreurs, & osez lever les yeux sur mon Héros..... A-t-il rien d'un mortel ?..... Tombez donc à ses pieds, & rendez hommage à sa grande ame, à son sublime génie. Mais les prodiges que je viens d'offrir à votre admiration, n'étoient que le prélude de ceux qui ont illustré la carriere plus brillante & plus glorieuse qui nous reste à parcourir.

Une grande révolution s'est opérée parmi nous, & la France est libre. Sans doute il seroit intéressant de voir par quel enchaînement de causes & d'effets nous sommes parvenus à cette époque heureuse. Cette recherche ne seroit point étrangere à notre sujet, puisqu'elle nous mettroit à même d'apprécier justement, ce que le génie de Mirabeau a fait pour la révolution, & ce que les circonstances ont fait pour le génie de Mirabeau. L'excès des abus de l'autorité & les progrès des lumieres ont amené le terme de nos maux ; le

développement de ces deux caufes offre deux ta-
bleaux dont les traits divers forment un contrafte
frappant. Mais fi je retraçois à vos yeux les fcenes
d'horreur qui défoloient notre Empiredepuis plufieurs fiecles, j'affligerois vos ames fenfibles. Ac-
coutumés à vous entretenir des bienfaits de notre
Conftitution, pourriez-vous écouter le récit des
attentats affreux de la féodalité ? Il a expiré fous
le glaive de nos généreux Défenfeurs, ce monftre
féroce qui avoit épuifé tous les genres d'oppref-
fion. Ils font vengés nos lâches aïeux, qui auroient
dû l'exterminer eux-mêmes, lorfque, laffé de parcourir tous les excès de la cruauté, il ofa repofer
fes pieds dans les entrailles palpitantes de fes vaf-
faux. Je ne veux point ajouter à l'indignation
qu'infpirent ces horreurs, par l'hiftoire vraiment
fcandaleufe de cette claffe d'hommes deftinée à
éclairer les peuples, & qui, complice du defpotifme, les environnoit d'erreurs, afin de pouvoir
plus facilement les dominer & les dépouiller. En-
feveliffons, s'il fe peut, dans l'oubli des temps,
ce long amas de meurtres & d'iniquités dont le
fouvenir humilie & flétrit l'ame. Attachons-nous
à des idées plus confolantes, & fixons nos regards fur ces temps plus heureux, où le peuple
Français, fortant de fon aviliffement, comme
d'un fommeil profond, ouvrit les yeux aux premiers rayons de la Philofophie. O lumiere divine ! c'eft toi qui nous révélas l'horreur des for-

faits de nos tyrans, toi qui nous éclairas fur nos droits, toi qui préparas le regne de la liberté. Béni foit le jour fortuné où tu parus, pour la premiere fois, ornée de tes attraits tes plus puif-fans, dans une Cour affiégée par tes plus cruels ennemis, l'orgueil, l'hypocrifie & la fuperftition. Ils ne tarderent pas à s'armer contre toi, & t'exilerent avec le vertueux Fénélon. Mais ton éclat avoit brillé près du Trône, & avoit attiré les regards ; c'en fut affez. Dès-lors commença à fe répandre cette vérité facrée, que les Rois font faits pour les peuples, & non pas les peuples pour les Rois ; maxime précieufe qu'avoit étouffé la corruption de la fervitude, qui fut recueillie & confacrée dans toutes les pages du Télémaque.

J'aime à attribuer à cet ouvrage immortel, cette premiere influence des lumieres fur la félicité publique, & je crois être autorifé à avancer que c'eft à cette fource abondante & délicieufe que nos plus célebres Philofophes font venus enivrer leurs ames de l'amour de l'humanité. C'eft lui qui, réuniffant tous les charmes de la poéfie & de l'éloquence, aux utiles leçons de la morale & la politique, a donné l'impulfion à fon fiecle, & déterminé le paffage des arts à la philofophie.

Bientôt encouragés par fon exemple, nos grands hommes ne s'occuperent que de la profpérité de la Nation. C'eft vers ce but honorable qu'ont été dirigées les plus belles productions du dix-huitieme siecle. Montesquieu voyagea, comme un autre Lycurgue, pour étudier les mœurs des peuples & la nature de leur gouvernment. Il recueillit ses observations profondes, & l'Esprit des Lois fut le fruit d'une raison supérieure, d'une érudition immense, & d'un travail de vingt ans. La Constitution Angloise avoit fixé son admiration ; il nous la proposa pour modele. C'étoit déjà s'élever beaucoup au-dessus de ses contemporains. S'il a ainsi borné ses vues, si l'on peut lui reprocher quelques erreurs, il faut en accuser la Nation qui étoit encore si retardée, & cet esprit de corps qui, de son propre aveu, avoit rendu la Magistrature *une puissance terrible*. Voltaire employa tour-à-tour les armes de la raison, les traits de la plaisanterie & les foudres de l'éloquence contre le fanatisme religieux ; le monstre étoit redoutable & vivace ; mais il n'a pu résister à une poursuite aussi constante, à des attaques si réitérées, à ce long combat de l'esprit contre l'ignorance, de la vérité contre l'erreur. En vain s'est-il débattu long-temps ; frappé de blessures mortelles, il a succombé, & sa chûte a préparé celle du despotisme ministériel. Celui-ci fut attaqué bien victorieusement par l'immortel Auteur du Contrat social, le premier génie de notre siecle, selon l'expression de Mirabeau, le plus éloquent de nos Ecrivains, le plus grand de nos

Politiques. Son ame vivement affectée de la dé-
pravation humaine, a quelquefois défefpéré de
notre fituation ; & cependant il n'a pas négligé
de travailler à notre bonheur, & c'eft dans fes
écrits fublimes que nous avons puifé les principes de notre Conftitution. Il a fervi à rétablir
l'ordre public par fes ouvrages politiques ; j'aime
à croire qu'il contribuera à reftaurer nos mœurs
& à former l'efprit national, par la pratique de
ce beau fyftême d'éducation, trop peu connu,
trop peu fenti par fes détracteurs audacieux. Digne
précepteur du genre humain, homme généreux
& magnanime, profcrit pendant ta vie, jouis
maintenant, du haut des céleftes demeures, des
hommages d'une Nation qui cherche à expier
les perfécutions iniques fous lefquelles tu as fuc-
combé. Ils font arrivés ces jours de juftice que
tu avois prédit. Martyr de l'Etat & de l'humanité, reçois la palme que les Français t'adjugent
dans leur reconnoiffance.

Voltaire & Rouffeau, voilà les deux génies
qui ont le plus travaillé à la ruine de ce double
defpotifme, dont la puiffance formidable fembloit nous avoir condamnés à une fervitude éter-
nelle. Ce n'eft point ici le lieu de marquer toute
l'influence qu'ils ont eu fur la régénération de
de notre Empire, en répandant avec un merveilleux courage, les lumieres de la raifon, def-
tructrices des abus & des préjugés. Gloire foit

rendue à nos auguſtes Repréſentans qui vengent leurs manes ſacrés des outrages de la tyrannie, de l'ignorance & du fanatiſme. Uniſſons-nous à ce triomphe de la raiſon ; & pour qu'aucun des plus célebres zélateurs du bien public n'échappe à notre gratitude, détachons un rayon de l'auréole glorieuſe qui orne leurs têtes, en l'honneur de l'Ecrivain eſtimable qui a reſſuſcité parmi nous les lumieres & les vertus des Ariſtides & des Phocions (1).

Français, reconnoiſſez dans ces grands hommes les premiers auteurs de votre liberté. C'eſt eux qui vous ont révélé vos droits méconnus, qui ont vengé votre dignité avilie. Leur voix éloquente a réveillé votre courage ; leur génie vous a éclairés & guidés dans le chemin de votre régénération. Ils s'étoient dévoués à votre félicité, & rien n'a pu les détourner d'une ſi glorieuſe entrepriſe. Perſécutés pendant leur vie, indignement outragés après leur mort, ils n'ont eu d'autre prix de leurs efforts que l'idée d'avoir préparé votre bonheur. Si leurs lumieres le leur ont fait preſſentir, les iniquités de leurs contemporains le leur ont fait croire fort éloigné. Formé ſur ces grands modeles, animé des mêmes ſentimens, le jeune Mirabeau devient leur digne coopérateur ; plus heureux qu'eux, il voit s'avancer rapidement, à

---

(1) L'Abbé Mably.

travers les erreurs du fiecle , le moment fortuné qui devoit réalifer leurs vœux. Uniffant à leur génie une intrépidité finguliere , il répand lui-même l'alarme , & publie dans toute l'Europe le défordre de nos finances. Ce qui nous afflige , ranime fes efpérances & fon courage. Il voit s'élever du fein du défordre , un défordre contraire qui en fera le remede. L'excès même de notre détreffe lui fait prédire le retour de la liberté......Enfin l'heure fonne , & la Nation va s'affembler pour délibérer fur fon fort. Combien ce grand événement enflamme le zele de notre Héros ! qui nous peindra les fentimens qui agiterent fon ame à cette époque mémorable ? Tout concourut à en développer l'énergie , & les prétentions orgueilleufes des Parlemens , & la réfiftance opiniâtre des ordres privilégiés. Quand le Tiers-Etat, je veux dire la Nation , s'abaiffoit à réclamer fes droits , lui le relevoit de cet opprobre , en le preffant de reprendre ce qu'il réclamoit en vain. Honorables Citoyens d'Aix & de Marfeille , grâces vous foient rendues d'avoir fu dignement apprécier le mérite de ce grand homme ; grâces vous foient rendues de vous être difputé la gloire de donner à la France fon premier Légiflateur. C'eft à vous de nous dire avec quelle force il défendit , dès le commencement , les intérêts facrés que vous lui aviez confié ; c'eft à vous de nous dire combien il s'eft élevé depuis au-deffus des grandes

efpérances que vous en aviez conçues. Français ,
ferez-vous libres ou efclaves ? Allez-vous brifer
vos fers , ou , par votre défaite, vous laiffer écra-
fer fans retour par toutes les exactions de la
tyrannie ? Saurez-vous profiter de cette occafion ,
ou retomberez-vous pour toujours dans le plus
honteux aviliffement ? Voilà les grandes penfées
qui occupent Mirabeau. Les befoins du fifc ont
peut-être trop hâté l'inftant de la révolution ; les
lumieres ne font pas affez répandues. La Nation
s'agite, il eft vrai , dans fes chaînes, mais les cent
bras du defpotifme encore armés menacent de
les refferrer. Ces craintes l'affligent fans l'abattre ;
les obftacles ne font que l'irriter ; la cruelle alter-
native de l'efclavage ou de la liberté lui paroît
infupportable ; cette idée agrandit tout fon être.
Il arrive enfin dans la Chambre des Communes :
il porte dans fon cœur le défir ardent de fauver
la France, dans fa tête le vafte plan de la révolution , & toute notre deftinée femble repofer
dans cette grande ame.

. Le voilà au milieu de l'Affemblée, ce Palla-
dium de la liberté, ce premier Architecte de la
Conftitution , cette colonne inébranlable qui doit
réfifter à tous les efforts de nos ennemis. Ils vien-
dront s'y brifer , comme les flots de la mer cour-
roucée qui frappent dans leur fureur un rocher
immobile, font divifés, & fe replient fur eux-
mêmes avec un vain murmure. Repréfentez-vous

cet homme intrépide & fier , au milieu des agitations de cette poignée de Repréfentans qui bri-
guoient la prépondérance , & vouloient l'établir
fur l'abfurde diftinction des ordres. Il fe recueille
en lui-même , il mefure , il calcule les moyens
& les reffources de fes antagoniftes. Il ne tarde
pas à reconnoître fa fupériorité ; il devance l'opinion publique , qui l'a regardé depuis comme le
principal auteur de notre Légiflation. Toutes fes
craintes ont difparu devant la connoiffance de
fes forces & du zele de fes coopérateurs. Quel
fut le premier fruit de cette noble confiance ?
Vous le rappelez , Meffieurs , elle lui infpira cette
belle réponfe qui releva le courage abattu de nos
Repréfentans , dans ce jour mémorable où la
Royauté ofa , mais pour la derniere fois , donner
des ordres à la Nation. Mirabeau fe regardant
en ce moment comme environné de toute la dignité du peuple Français , s'écria d'un ton noble
& ferme : nous fommes ici par la volonté du
peuple , nous n'en fortirons que par la puiffance
des bayonnettes. Ces paroles facrées furent comme
un trait de lumiere qui pénétra rapidement dans
l'efprit de nos Légiflateurs. Elles ont bien mérité
d'être recueillies religieufement , puifqu'elles ont
décidé de la deftinée de notre Empire.

Combien de fois on l'a vu , au milieu des
mouvemens & des troubles qui tourmentoient le
vaiffeau de l'Etat , s'emparer du gouvernail , & ,

pilote intrépide , ranimer , d'un feul mot , tout l'é-
quipage confterné. Sentinelle vigilante , il fauva
l'Affemblée Nationale, il fauva la France, lorfqu'il
réveilla l'attention de nos Repréfentans & du
peuple de la Capitale fur les exécrables projets
de la bande ariftocratique. Elle ne put toucher un
Roi trompé par des Miniftres perfides , cette
adreffe magnifique où toutes les reffources de
l'éloquence femblent être épuifées ; mais elle fervit
à donner une alarme falutaire ; elle fit avorter
cette confpiration infernale qui devoit maffacrer
nos Repréfentans , foudroyer Paris & inonder
de fang tout le Royaume. Ce cri de Mirabeau fur
le renvoi des troupes décéla au peuple les pieges
de fes ennemis, & l'arma pour la conquête de fa
liberté. Je ne m'arrêterai point à peindre les fentimens de notre Héros, lorfqu'il vit tomber, avec
la Baftille , tous les remparts du defpotifme", & le
foleil de la liberté s'élever fur ces ruines, pour
éclairer la France. Qui ne fent fon ame tranfportée
au feul fouvenir de ce triomphe à jamais mémorable qui commença notre révolution ? Béni foit
ce jour dont la folennité doit tranfmettre à nos
defcendans la plus étonnante & la plus heureufe
victoire qui ait été remportée depuis l'origine du
monde. Bénis foient les généreux défenfeurs de la
Patrie , les glorieux conquérans de notre liberté.
Hommage aux victimes du bien public , aux mar-
tyrs

tyrs de la France dont ces pierres (1) atteſtent le
courage & le triomphe. Gloire au génie des arts
qui a recueilli ces débris d'un monument deſpo-
tique, pour en faire un trophée à la liberté! Puiſſe-
t-il avoir propagé, avec l'image de la Baſtille, la
haine des tyrans & des miniſtres de leurs violences!
Bon peuple, qu'on oſe accuſer de barbarie! ces pierres dépoſent en ta faveur, & juſtifient ton indignation. Compte, s'il ſe peut, les forfaits que ces murs
ont récélé; entends les cris de déſeſpoir dont ils
retentiſſent encore, quoique diſperſés: ces cachots
obſcurs, ces ſouterrains profonds ſont teints du
ſang de tes freres. Viens appaiſer leurs manes gé-
miſſants; jure de proſcrire la mémoire de leurs
bourreaux, de ces deſpotes féroces que la baſſeſſe
a décorés du nom de Grands; jure d'anéantir le
Prince qui oſeroit renouveler ces attentats. Et
vous, braves Soldats de la Patrie, venez conſacrer
vos armes devant ce monument : ſa vue inſpire
l'horreur de la tyrannie & le courage de la liberté.
Peuples, que notre exemple inſtruira, quand vous
voudrez être libres, ſi vos Princes conſpiroient
contre la félicité générale, s'ils trompoient votre
amour, s'ils dédaignoient vos bienfaits, s'ils de-
venoient traîtres & parjures, voici le modele d'un

------

(1) On avoit placé, près du buſte de Mirabeau, les
deux pierres de la Baſtille, envoyées au Département,
dont l'une repréſente cette fortereſſe.

temple à élever pour ces superbes demi-Dieux qui semblent s'être partagé la terre , & qui pensent que des millions d'hommes doivent être sacrifiés à leurs caprices.

Mirabeau a vu s'enfuir les troupes dont il avoit réclamé l'éloignement avec tant de force. Ils ont disparu ces lâches instigateurs de tant de scenes désastreuses, qu'il avoit démasqués lui-même, & qu'il avoit poursuivis jusques dans les bras du Monarque abusé. Les folies du Gouvernement avoient provoqué la vengeance du peuple , & le peuple , dans son indignation, s'est abandonné à des excès repréhensibles. Les ennemis de la révolution s'empressent de répandre la terreur par les plus fausses exagérations de cette effervescence populaire ; les amis de la liberté craignent de la voir attaquée en naissant par ses propres défenseurs : Mirabeau s'éleve seul au-dessus de ces inquiétudes , & ne voit dans tous ces mouvemens que les effets inévitables d'une crise violente inséparable de ce passage subit du mal au bien. Cette insubordination n'est à ses yeux qu'un orage momentané qui annonce le terme des maux plus terribles & plus longs de la tyrannie. Ces désordres hâteront le moment de la liberté , & détermineront les classes privilégiées à des sacrifices nécessaires; cet espoir le console , cette heureuse prévoyance le rassure ; elle ne fut point vaine, & ils ne tarderent pas à avoir lieu ces généreux sacrifices qui féront bénir éternellement la nuit du 4 Août. Ce noble défi, ce combat g'orieux de nos auguftes Repréfentans, ce vif empreffement, cette magna. nime renonciation aux privileges, ce fublime enthoufiafme qui s'étoit emparé de tous les efprits, & qui donna à des actes de juftice le mérite du plus parfait défintéreffement, tout ce fpecta- cle enchanteur émut délicieufement l'ame de Mirabeau.

Cependant, au milieu de toutes ces crifes, nos Repréfentans avoient effayé leurs forces & éprouvé leur fermeté. L'efprit public étoit né de cette longue réfiftance des intérêts oppofés; la France armée s'étoit ralliée antour de l'Affemblée Na- tionale : nous étions tous impatiens de voir éclore cette Conftitution fi défirée. On annonça la grande charte du genre humain, la déclaration des droits. Les génies les plus éclairés, les plus ardens amis des hommes s'empreffent de proclamer les grands principes de la liberté. Mirabeau, fon plus zélé défenfeur, femble ne pas partager ce faint empref- fement : que médite fa grande ame ? Tyrans de la terre, il calcule avec une cruelle inquiétude les maux & les ravages dont vous l'avez couverte ; il brûle de les réparer ; mais la crainte d'exciter une fermentation dangereufe, fufpend fon cou- rage ; fans doute il reconnoît que cette déclaration des droits de l'homme doit fervir de bafe à la Conftitution ; il veut qu'on l'en déclare partie

intégrante & inséparable , qu'elle ferve de guide
& de regle à nos Légiflateurs. Ses doutes tombent
fur le moment favorable à la publication de ce
travail. Il appréhende qu'en le jetant en avant de
la Conftitution , on ne fourniffe au peuple des
armes funeftes , parce que les Lois ne lui auront
pas appris à s'en fervir. Effrayé de ces écueils, il
porte fes alarmes dans le fein de l'Affemblée :
enfin fes craintes louables difparoiffent devant des
confidérations plus importantes. Il faut déclarer
la guerre aux tyrans & aux préjugés , jeter les
fondemens d'une Conftitution qui affure le bonheur
des Français , & influe fur les progrès de la raifon
humaine. Le vrai moyen d'atteindre à ce but
glorieux , c'eft de placer à la tête de la Légiflation
un préliminaire vafte & bien ordonné qui en ren-
ferme les germes & les principes , & qui puiffe
fervir de type & de regle pour juger de la bonté
des Lois. L'honneur de pofer ces bafes fut réfervé
à celui qui devoit avoir la plus grande part à la conf-
truction de cet immenfe édifice. Déjà la fupériorité
de Mirabeau étoit avouée par fes propres rivaux ,
qui le chargerent de cette importante rédaction. Il
paroît au milieu du Sénat , portant dans fes mains
les tables facrées de la Loi. Avec quel intérêt on dut
écouter ces maximes fublimes de l'égalité , pui-
fées dans le contrat focial, confacrées par l'ami des
hommes , & manifeftées par fon fils d'une maniere

neuve & originale ! Ah ! fi des circonftances im-
périeufes ne l'avoient empêché de donner à cette
déclaration toute la perfection qu'il lui défiroit,
hommes de tous les pays & de tous les fiecles,
Mirabeau feroit devenu votre Légiflateur, & de
fes' principes féconds en conféquences, l'on eût
vu fortir toutes les Conftitutions. Avec quelle
douce fenfibilité il exprima dans l'Affemblée Nationale le regret de n'avoir pu s'élever à cette
perfection, dans la crainte de bleffer une foule
de prétentions & de préjugés qui auroient formé
une oppofition violente, ou de faire une expofition
inutile pour un peuple préparé à la liberté par
les événemens plus que par les lumieres de la
raifon !

Tant de fageffe devint un crime aux yeux de
quelques hommes trop ardens qui calomnierent
fes principes & fes intentions. Il eft beau de voir
avec quel courage, avec quelle honorable confiance il manifefta le fentiment de fa dignité perfonnelle. Je recueillerai avec plaifir ces paroles
qu'une louable franchife & la force de la vérité
arracherent à fon ame offenfée. Après s'être no-
blement juftifié, il s'écrie : « Sans doute, au
» milieu d'une jeuneffe très-orageufe, par la faute
» des autres, & fur-tout par la mienne, j'ai eu
» de grands torts, & peu d'hommes ont, dans
» leur vie privée, donné plus que moi prétexte à
» la calomnie, pâture à la médifance; mais, j'ofe

» vous en attefter tous, nul écrivain, nul homme
» public n'a plus que moi le droit de s'honorer
» d'une uniformité de principes inflexibles, de vues
» défintéreffées, de fentimens courageux & d'une
» fiere indépendance. » Quel eft celui de fes
détracteurs qui pût, fans courir les rifques du
mépris, parler de lui-même avec tant de fincé-
rité ? Qui ofera relever encore des erreurs de jeuneffe effacées par cet aveu magnanime & par
tant de vertus publiques ? A lui feul appartenoit
de s'apprécier dignement, & puifqu'il ne m'eft
pas donné d'élever mes éloges à la hauteur de
mon Héros , qu'il me foit permis au moins de
le prendre pour guide. Je développerai rapidement ce qu'il a dit de lui-même, & fes idées deve-
nant le texte de mes difcours , les rendront plus
dignes de lui. Si la premiere partie de fa vie lui
a donné de juftes droits à la trop courte apologie
que nous venons de citer, combien il y a ajouté
par les prodiges qui ont illuftré fes dernieres
années !

L'inflexibilité de fes principes fe manifefta fur-
tout dans la fameufe queftion du *veto*. On le vit
alors , feul , abandonné de tous fes collaborateurs,
foutenir avec courage une opinion trop favorable
à cette royauté qu'on l'avoit accufé de vouloir
anéantir. Ceux dont les vues bornées ne pouvoient embraffer l'enfemble du fyftéme dont il
ne s'eft jamais écarté , furent faifis de furprife

& d'effroi ; ils crurent qu'il alloit fouiller une vie fi glorieufe , en facrifiant , au defpotifme qu'il avoit toujours abhorré , l'idole de fon cœur, l'ame de toutes fes actions, la liberté qu'il avoit toujours aimée avec paffion , toujours fervie avec honneur. Les menaces & les clameurs d'un parti nombreux , emporté par l'ardeur d'un patriotifme égaré , ne l'intimiderent point. Ces orages formés à fes pieds ne pouvoient atteindre à fon cœur : tel un mont élevé voit fon fommet à l'abri des coups de la foudre qui gronde & retentit dans fes flancs caverneux. Quand le calme a permis d'examiner les principes qui l'animoient , on a facilement reconnu qu'ils n'attentoient point à la liberté , puifqu'elle repofe fur l'équilibre des pouvoirs , & que le fyftême de Mirabeau étoit fondé fur cet équilibre.

Il regardoit la fanction royale , libre & volontaire , comme une prérogative attachée à la dignité du trône , & comme un modérateur néceffaire de l'activité légiflative. Si ce fentiment eft une erreur , il femble , en quelque forte , juftifié par fon rapprochement avec l'opinion de l'Affemblée Nationale. Notre Gouvernement eft repréfentatif & monarchique ; c'eft au Monarque & aux Repréfentans de la Nation réunis , qu'eft délégué le pouvoir légiflatif ; lorfqu'il y a oppofition entr'eux , c'eft à la Nation à reprendre l'exercice d'un droit qui n'appartient qu'à elle , & à

décider le procès qui s'eft élevé entre fes délé-
gués. Dans le fyftême adopté par l'Affemblée, la
volonté générale s'explique alors par l'organe de
nouveaux Repréfentans ; dans celui de Mirabeau,
elle devoit fe manifefter par l'opinion publique.
Il vouloit que la réfiftance du Pouvoir exécutif
pût être vaincue ; mais au lieu que l'Affemblée
lui a oppofé les limites du temps, il trouvoit plus
avantageux de la faire fléchir fous le pouvoir de
l'efprit public ; pouvoir redoutable entre les mains
d'un peuple libre.

Toujours animé par l'amour de la juftice &
de l'humanité, Mirabeau ne fe laiffa point décou-
rager par la défaveur qui s'attacha quelquefois à
fes opinions. Ne le vit-on pas s'oppofer feul au
torrent des confidérations politiques qui entraîna
l'Affemblée Nationale dans la grande affaire des
Colonies ? Son ame avoit éprouvé un efpoir confolant, lorfqu'il avoit vu la caufe de la liberté
des Negres, enveloppée dans celle de la liberté
générale, folennellement établie & fanctionnée
par nos Repréfentans dans la grande charte du
genre humain. Mais lorfque l'Affemblée, déro-
geant à fes principes, réfifta au vœu qu'elle avoit
formé, Mirabeau ne put tenir contre la douleur
de voir fe proroger encore le terme des infamies
& des crimes que des hommes exercent fur d'autres hommes, pour affouvir leur cupide férocité.
Emporté par un zele qui ne peut être blâmé,

bien déterminé à se sacrifier pour une si belle cause, il s'élance à la tribune, il veut y faire entendre les cris de la justice & de l'humanité ; on redoute le pouvoir de la raison, armé des foudres de son éloquence ; on ne veut pas qu'il parle, il s'indigne, il s'irrite, il refuse de désemparer, & s'attachant avec violence à la tribune, il déclare qu'on l'en arrachera plutôt mort que vif.

Hommes infortunés, qui gémissez sous le poids des chaînes dans des régions éloignées, quand on vous parlera de ce généreux dévouement, de cette inébranlable fermeté, vous le comblerez de vos bénédictions. Son nom ne sera prononcé parmi vous qu'avec les larmes de la reconnoissance. Lorsque les progrès des lumieres qui se propagent avec tant de rapidité, lorsque la force des choses aura brisé vos liens, vous irez dans votre Patrie, au milieu des sables brûlans & des déserts les plus sauvages, ériger des statues à votre défenseur le plus zélé ; vous entretiendrez vos enfans de ses bienfaits, afin qu'il n'y ait sur la terre aucun lieu où l'ami de l'humanité ne reçoive des honneurs, aucune génération qui ne bénisse sa mémoire.

Un des grands principes auquel Mirabeau se montra toujours fidelle, étoit celui d'influer par les Lois sur le rétablissement des mœurs, & d'inspirer aux Citoyens cette noble ambition de l'estime pu-publique qui a produit tant de merveilles dans l'antiquité. Ces vues fublimes lui firent adopter cette belle Loi de Geneve , qui exclut de tous les droits politiques le débiteur infolvable , & les enfans qui n'acquittent pas la portion virile des dettes de leur pere. Son but étoit de faire de la vertu un titre d'élection ; il honoroit fon cœur , il honore la Nation qui a adopté fes vues. Son attachement à ce principe lui fit appuyer de toutes fes forces l'idée fimple & noble d'une infcription civique , afin d'attacher aux Lois les premieres affections de l'homme. Il vouloit que cette adoption de la Patrie fe fît , comme autrefois chez les Athéniens , avec une grande folennité , & qu'elle fût une réjouiffance publique, une fête patriotique & religieufe , où les nouveaux Citoyens viendroient aux pieds des Autels jurer de vivre & mourir pour les Lois de la Patrie. Il manifefta les mêmes vues morales dans la propofition qu'il fit d'affujettir à une marche graduelle les promotions des Citoyens aux diverfes charges de la République. Ce fyftême oppofoit un frein falutaire aux claffes dominantes, en les affujettiffant à n'avancer que par fervices ; il étoit contraire à la démagogie , en écartant du Corps légiflatif les hommes dangereux qui peuvent, en irritant les paffions du peuple , fe faire porter tout d'un coup à l'Affemblée Nationale , dont quelques années d'épreuves éloigneroient l'ignorance préfomptueufe & l'ambition intrigante. Ainfi , Mirabeau ne fervoit aucun parti ; il ne fongeoit qu'à la Patrie.

Cette louable impartialité en a fait souvent comme le médiateur, le centre, le point de ralliement des partis opposés ; mais quelquefois aussi elle lui a attiré l'animadversion des uns & des autres, & l'a jeté au milieu des orages d'une injuste défaveur. Lui, toujours appuyé sur la justice de ses opinions, toujours fidelle au système qu'il avoit embrassé, laissoit s'agiter les flots des passions diverses, opposoit un front serein aux mouvemens impétueux qu'excitoient les différentes opinions. Tel on le vit, lorsqu'il proposoit d'infuser un sang nouveau dans le sang militaire, par le licenciement de l'armée, & qu'on rejetoit presqu'unanimement un projet depuis regreté, se rendre à lui-même témoignage, en disant : « si je suis également dé-
» sagréable, en ce moment, à ceux qui professent
» des opinions diverses, c'est que j'estime un
» juste milieu ; or, la justice & la vérité sont là. »

Cet attachement inflexible à ses principes, qui, dans un homme ordinaire, seroit une ridicule présomption, étoit dans Mirabeau un mérite digne des plus grands éloges, parce qu'il le rendoit capable de tous les biens qui peuvent naître d'un système long-temps réfléchi, fondé sur la base immuable de la liberté, & soutenu par les plus grands moyens : des lumieres vastes en tous les genres, une supériorité d'éloquence & de raison toujours unies & presque toujours triomphantes.

Oh ! qui pourroit mesurer sans étonnement l'é-

tendue des lumieres qu'il a répandues fur les quef-
tions les plus importantes ? C'eft à lui qu'il étoit
réfervé de préparer & de fixer les deftinées de
l'Empire, & nous voyons les fuccès de ce génie
régénérateur attachés aux réformes qui ont le plus
fervi à l'édifice de notre Conftitution. Lorfqu'il eut
élevé la célebre motion de déclarer que la propriété des biens du Clergé appartient à la Nation,
une foule de membres fe livrerent à une difcuf-
fion vive & longue ; l'Abbé Maury employa toute
la chaleur de fon éloquence, & épuifa toutes les
reffources de fa dialectique pour défendre la caufe
de fes confreres, qui l'intéreffoit auffi lui-même.
Mirabeau, fans s'abandonner à de trop faciles
déclamations, traita cette matiere délicate avec
une fcrupuleufe fageffe. Il s'étaya de l'autorité d'un
Miniftre philofophe, profcrit par la Cour de Louis
XVI à caufe de fes vertus. Il pofa des principes
inexpugnables fur les fondations, principes lumi-
neux dont les conféquences établiffent évidem-
ment que la propriété des biens dits eccléfiaftiques
appartient à la Nation. Guidé par une logique
fûre, il fixe les rapports de l'état naturel à l'état
de fociété, des propriétés des individus à celle des
corps, des droits civils aux droits politiques ; il
détermine la nature & les droits d'un corps moral ; il établit d'une maniere triomphante le droit
qu'a la Nation de détruire les Corps, & confé-
quemment leurs propriétés. « Un Corps, dit-il,

» est un instrument fabriqué par la Loi, pour
» quelque fin avantageuse à la société : que fait
» l'ouvrier quand l'instrument ne répond pas à
» ses vues ? Il le brise s'il est dangereux ou inu-
» tile. » Dans toute cette discussion, il n'a cessé
d'opposer aux vagues déclamations de ses antago-
nistes, les armes redoutables d'une métaphysique
pure & sincere, d'une raison éclairée & victo-
rieuse. Il n'a pas négligé les considérations morales, & le faste du Clergé vainement foudroyé
par les Canons de l'Eglise, a été soumis par Mirabeau à la réforme qu'avoit déjà subi le luxe
qui environnoit le Trône.

Tout se lie & se tient dans le systême admirable de ce grand homme. Il avoit senti que le
maintien de la Constitution dépendoit de la for-
tune publique ; aussi ses soins les plus assidus se por-
terent sur l'état de nos finances & de la dette
nationale. Le zele qu'il mit à assurer à la Nation
la propriété des biens ecclésiastiques , tenoit à ce
grand principe. Il les regardoit comme une hypo-
theque nécessaire pour acquitter nos engagemens &
prévenir l'infamie d'une banqueroute désastreuse.
La liquidation de la dette tient à la vente des biens
nationaux ; la dissolution de la France est inévita-
ble si cette vente n'est protégée ; si elle s'effectue,
la France est sauvée. Ces puissantes considérations
enflamment & soutiennent le zele de Mirabeau en

faveur des aſſignats. Son projet & les raiſons dont il l'appuie, engagent une diſcuſſion très-étendue ; mais enfin il triomphe de toutes les difficultés dont on cherche à embarraſſer ſon ſyſtême, & des attaques perſonnelles qu'on emploie pour décréditer ſon opinion. La ſaine partie de nos Repréſentans adopte ſes vues, & rend hommage à la ſupériorité de ſes lumieres, en remettant entre ſes mains le glorieux emploi d'entretenir cette correſpondance de légiſlation, cet accord heureux entre le peuple & l'Aſſemblée Nationale, qui a fait le déſeſpoir de nos ennemis, & qui a été la ſauve-garde la plus ſûre de la Conſtitution.

Perſuadé que les finances étoient la clef de la voûte ſociale, & que la Conſtitution ne pouvoit marcher ſans elles, il épuiſa ſes veilles ſur cette partie eſſentielle de notre régénération. C'eſt lui qui a fermé l'abîme dévorant qu'avoient creuſé les déprédations de la Cour, abîme devenu immenſe par les baſſes manœuvres de ce Viſir intrigant (1), exilé par le mépris & l'horreur publique, qui erre de Cour en Cour, mendiant des ennemis & des ſecours contre ſa Patrie. Mirabeau a démaſqué cette politique cruelle, qui tendoit à agrandir encore le gouffre du déficit, en rejetant ſur les générations futures le poids des iniquités de la génération préſente. C'eſt avec

____

(1) Calonne.

toute la ferveur d'un patriotifme infatigable & in-
corruptible , qu'il fe confacra à l'examen de tous
les plans divers que propofoit à l'Affemblée ce
Miniftre , qui fut un moment l'idole de la Nation.
Perfonne n'ignore quelle rivalité s'étoit élevée
entr'eux , & l'on eût défiré de voir unis , par une
douce réciprocité d'eftime & de d'amitié , deux
hommes qui ont été les premiers inftrumens de notre
tre révolution ; Mirabeau , en réclamant avec
toute la puiffance de fon éloquence , en foulevant
l'opinion publique pour l'égalité de repréfentation ,
& Necker , en faifant adopter au Confeil ce mode
de convention. Hommes fenfibles , qui ne pouvez
voir fans douleur vos bienfaicteurs divifés , connoiffez toute l'ame de Mirabeau , & fachez qu'il
fut bien moins l'ennemi du Miniftre Genevois, que
l'ami fervent de fa Patrie. S'il parut prefque toujours manifeftement oppofé à fes vues , c'eft qu'il
n'y trouvoit que des palliatifs propres à prolonger
la maladie au lieu de la guérir. Mais s'il repouffa
toujours avec fermeté des efpérances vagues &
incertaines , des combinaifons propres à alimenter
l'ufure & l'agiotage , des moyens funeftes à la
poftérité , il adopta avec tranfport les mefures
fages qui pouvoient écarter les malheurs dont nous
étions menacés. Qu'on fe rappelle avec quelle noble impartialité , par quels fublimes efforts de fon
éloquence il fixa les incertitudes & les héfitations
de l'Affemblée fur l'emprunt de 30 millions pro.

pofé par M. Necker. Quelle puiffance il exerça alors fur des milliers d'ames remplies d'opinions & de paffions contraires ! Un feul député voulut répliquer ; mais il refta immobile & muet, le bras tendu, comme fi fon entreprife l'avoit glacé d'effroi ; & Mirabeau fit adopter à la prefqu'unanimité le plan qu'on avoit d'abord voulu rejeter.

Cette élévation d'ame, cet efprit de juftice & de modération qui rejette toute rivalité, toute inimitié particuliere, ce pur défintéreffement qui femble avoir dépouillé toute foibleffe humaine, brillerent fur-tout dans les luttes fréquentes de notre Héros avec fon antagonifte le plus opiniâtre (1) : je veux parler de ce Sophifte habile, de ce Rhéteur exercé dans les grands mouvemens de l'éloquence, de cet intrépide champion de l'ariftocratie, toujours armé d'apoftrophes véhémentes, d'affertions hardies, mais dénuées de preuves, de tirades détachées & d'épifodes hiftoriques, de citations fauffes & d'injuftes interprétations, de digreffions injurieufes & de farcafmes infolens. Tel eft en abrégé ce zélé protecteur des antiques abus, ce gardien vigilant des pommes d'or de l'ariftocratie, qui n'a pu réfifter aux coups victorieux de notre Alcide. Celui-ci repouffa toujours les violences de fon adverfaire avec cette fierté

____

(1) L'Abbé Maury.

tranquille ,

tranquille, cette fage modération qui faifoit fi bien fentir fa fupériorité. En dévoilant fa mauvaife foi, il rendoit juftice à fa fagacité ; il applaudiffoit à fes talens oratoires, mais il en relevoit l'abus & en détruifoit les effets dangereux ; il le fuivoit dans fa marche embrouillée & tortueufe, & fe jouoit de fes vains fubterfuges ; il diffipoit, avec la lumiere de la verité, l'obfcurité d'une érudition fautive ; il oppofoit un noble dédain à cette confiance téméraire qui lui jetoit audacieufement le gage du combat, & fe chargeoit de réfuter les objections même qu'on n'avoit pas faites. Cette prétention à l'efprit de prophétie, n'infpiroit à Mirabeau qu'une jufte pitié ; mais quel mépris ne devoit-il pas lancer fur ce Repréfentant de la Nation, lorfqu'il le voyoit, foulant aux pieds toutes les Lois, invoquer la vengeance perfonnelle & s'abandonner aux menaces les plus indécentes ? Que dis-je ? de pareilles offenfes ne pouvoient affecter l'ame de notre Héros ; il s'honoroit de tout ce qu'il fouffroit pour la patrie ; il devint même le défenfeur de celui qui avoit fi fouvent exercé fa vertu. Les injurieufes déclamations de l'Abbé Maury ont fouvent provoqué l'animadverfion de l'Affemblée : dans un de ces emportemens fcandaleux, il fe livra tellement aux accès de la colere, que fon exclufion fut vivement réclamée. Il voulut fe défendre, & fa défenfe fut un nouveau délit ; il orna fon plaidoyer des hurlemens de la rage , & fa coupable démence appela de nouveau la févérité du Sénat qu'il ofoit offenfer. Enfin , il alloit être condamné..... Qui s'oppofa au Décret qui l'auroit couvert d'opprobre ? qui s'efforça de pallier fes intentions ? qui calma les efprits au milieu de cette affaire tumultueufe ? qui invoqua pour lui l'indulgence de l'Affemblée ? Ce fut Mirabeau.

Il eft peut-être plus facile de fe montrer généreux envers un ennemi peu redoutable, que d'être jufte envers des rivaux dont le mérite & la gloire peuvent alarmer l'amour-propre ; mais aucun bon fentiment ne coûtoit à Mirabeau. S'il fe montra impaffible aux attaques de fes frénétiques antagoniftes, s'il s'éleva au-deffus d'une vengeance facile à leur égard ; il foula auffi aux pieds tout fentiment de jaloufie, & fut l'apologifte le plus zélé des émules de fes travaux & de fa gloire. Qu'on aime à le voir diftribuant de juftes éloges aux talens diftingués de ces deux vertueux Citoyens (1) qui fe font maintenus fi glorieufement dans les poftes les plus périlleux de la Capitale ! qu'on aime à le voir rendre le plus flatteur hommage aux lumieres philofophiques de cet efprit jufte (2) qui a fi bien développé les dogmes politiques du contrat focial, l'évangile immortel des

----

(1) Bailly & Lafayette.
(2) L'Abbé Sieyes.

droits des Nations ! quel triomphe pour ses sentimens désintéressés , que le témoignage glorieux
qu'il n'a cessé de rendre à l'habileté de ce Député (1), qui dévora avec lui tous les dégoûts d'une
étude pénible , avec lequel il balança long-temps
ses forces dans des combats pleins de loyauté ,
lorsqu'il s'agissoit d'établir la beauté de l'ordre &
de l'harmonie , dans un Royaume immense ,
entre des Provinces divisées de tout temps par
des privileges , des prétentions , des lois , des
mœurs, des langages divers , & d'opérer cette
métamorphose surprenante qui a fait en un instant,
de la France , comme une Colonie naissante !

Les éloges que Mirabeau s'empressa toujours
de donner à ses plus illustres coopérateurs , rece-
voient un prix infini de son équité & de sa sévere
impartialité ; mais il y ajoutoit encore par la ma-
gnificence des expressions. Est-ce un Ange , est-ce
un Dieu que je viens d'entendre , s'écria-t-il un
jour , en applaudissant aux succès de ce génie
naissant (2), qu'il comparoit à un grand arbre propre à servir bientôt de mât au vaisseau de la République ?

Quelle énergie , quelle pompe de style il employa pour louer dans la tribune ce grand homme
qui avoit enchaîné la foudre des cieux , & brisé

---

(1) M. Thouret.
(2) Barnave.

le fceptre des tyrans ! qui pourra lui rendre à lui-même ce tribut glorieux qu'il paya fi digne-ment à la mémoire du célebre Franklin ? Ombre magnanime du Libérateur des Etats-Unis, je crois te voir, en ce moment, me preffer d'acquitter ta dette envers ton augufte Panégyrifte. Mais pour-rai-je remplir une fi grande tâche, fi tu ne répands fur moi ta divine influence ? Pénetre mon ame d'une fainte émotion ; fais qu'à ma voix tout cede dans ces lieux à une impreffion douloureufe, pa-reille à celle dont les difcours de Mirabeau rem-plirent la France, lorfqu'il réclama pour ta gloire le deuil honorable des Repréfentans d'un peuple libre.

Mais n'anticipons point fur des fouvenirs trop amers, & fouffrez, Meffieurs, que je vous occupe encore des bienfaits du Héros que nous célébrons. Non content d'attacher à notre gloire les grands hommes qui fecondoient fes travaux, & de fou-tenir leur zele par les plus flatteufes louanges, il avoit encore l'ambition & le talent de donner à tout un mouvement utile, & de fomenter tous les genres d'émulation. Auffi vit-on prefque tous les Arts & toutes les Sectes fe preffer autour de l'Autel de la Patrie, y dépofer à l'envi leurs of-frandes & leurs hommages, lorfque la Conftitu-tion étant affermie fur fes bafes, & prémunie contre les attaques de fes ennemis, Mirabeau put fans danger quitter la garde du temple, & s'affeoir dans le fanctuaire , pour fervir d'organe à la Nation. Les difcours qu'il prononça en cette qualité , annonçoient le Légiflateur confommé qui a obfervé tous les rapports des arts avec les mœurs, approfondi le fyftême de l'harmonie qui régit l'univers , étudié le cœur humain fous tous les points de vue. Il montra alors qu'habile à fervir la République de toutes les manieres , il connoiffoit également l'art d'entraîner les cœurs par fon éloquence , & de les contenir par fa fageffe ; auffi tous les partis fe félicitoient d'un pareil modérateur. Le génie & les talens reçurent de lui des encouragemens précieux ; les malheureux , des confolations touchantes ; les Villes , des leçons de mœurs , des exhortations de paix ; les Hommes de Loi , de grands principes fur la juftice ; les difciples du fage Pen , des difcours édifians qui refpiroient la philantropie la plus pure (1).

C'eft une chofe remarquable que l'Affemblée Nationale n'ait jamais tant reçu d'hommages que lorfque Mirabeau la préfidoit. Il étoit le phare de la République ; fa lumiere fervoit de ralliement aux amis de la liberté ; elle éclairoit auffi les deffeins ténébreux de nos ennemis , foit du dehors , foit de l'intérieur. Il oppofa toujours aux uns &

____

(1) Voyez fes belles réponfes aux députations des Poètes lyriques, des Quinze-vingts de la ville de Paris, des Agrégés en Droit, des Quakers, &c.

aux autres une fiere indépendance & des sénti-
mens courageux.

Je ne puis rappeler sans indignation cette procédure infernale, tissue par les ennemis de la révolution, dans laquelle son principal auteur fut
inculpé d'une maniere atroce. Vous savez, Messieurs, comment l'imposture étaya son ouvrage
d'histoires ridicules, de rapports vagues, d'aven-
tures de féeries, de miracles & de révélations,
d'apparitions de la Vierge, & de tout ce que pouvoient imaginer de plus absurde l'ignorance gros-
siere & le fanatisme aveugle mis en jeu par l'in-
trigue & l'artifice. Cet édifice monstreux s'écroula
à la voix de la raison ; la haine & le mépris de
la Nation ont proscrit les auteurs & les complices
de cette infame procédure. Des inculpations af-
freuses permettoient à Mirabeau de prendre à
partie le Tribunal inique qui s'étoit si mal habile-
ment déshonoré ; il étoit en son pouvoir de dé-
voiler tous les ressorts de cette scélératesse ; mais
ce secret hideux ne pouvoit être révélé sans pro-
duire de grands troubles : cette considération l'em-
porta sur tout ressentiment personnel ; la patrie
commandoit ce sacrifice ; dès-lors il ne pouvoit
être pénible à son cœur ; son esprit public lui fit
immoler une si juste vengeance, & sauva les
auteurs de ces horribles machinations.

L'énergie du patriotisme avoit étouffé en lui
toute irascibilité de l'amour-propre, & jamais il

n'oppofa qu'une noble indépendance aux traits de la calomnie. N'empêcha-t-il pas l'Affemblée d'attacher trop d'importance à un libelle contre lequel on réclamoit fa févérité ? Mirabeau, qui étoit, plus qu'un autre, infulté & menacé, s'oppofa à la pourfuite de ces miférables productions que le délire enfante, & qui fe détruifent par leurs propres excès.

Son dévouement au bien public lui fit également méprifer les interprétations malignes par lefquelles l'ariftocratie empoifonnoit fes intentions les plus pures. Lorfqu'il opina en faveur de l'admiffion des Miniftres à l'Affemblée Nationale, les vues faines qu'il répandit fur cet objet, les raifons puiffantes dont il appuya fon fentiment, ne purent le mettre à couvert des traits offenfans d'un parti toujours difpofé à facrifier les intérêts de la Nation, au vain plaifir de porter quelques coups fenfibles à ce redoutable adverfaire ; mais il les relança victorieufement, en déclarant qu'il renonçoit à toute prétention au Miniftere, & qu'il s'eftimeroit fort heureux s'il pouvoit, au prix de fon exclufion, conferver les rapports intimes qui doivent fe trouver entre les deux pouvoirs pour l'avantage & le bien de l'Etat.

Ce même parti avoit mis en avant une motion infidieufe, qui fut applaudie par un mouvement univerfel de modeftie & de générofité ; elle tendoit à diffoudre cette premiere Légiflature, au moment où nous pouvions recueillir dans la paix les fruits d'une expérience exercée dans les dangers. Mirabeau ne donna point dans les pieges, & mettant à quartier les allusions offensantes, les personnalités injurieuses, il empêcha ses collegues de violer le serment qui les lioit à la Constitution, & d'abandonner leur mission sacrée, les intérêts de la Patrie & la cause de la liberté. Sa fermeté retint nos Représentans à leur poste, & sauva, encore une fois, la France.

Rien ne pouvoit ébranler son courage ; il croissoit avec le péril des circonstances, & dominoit tous les obstacles. Ennemi de toute faction, il les contenoit par son héroïque intrépidité. Sa grande ame étoit la puissance qui réprimoit leurs folles présomptions, dissipoit leurs sinistres présages, étouffoit leurs hurlemens blasphémateurs, & faisoit avorter toutes leurs conspirations. Je frémis encore en songeant à ce jour où, se dévouant pour le salut de la Patrie, il jura de combattre toute espece de factieux, dans quelque système que ce fût, dans quelque partie du Royaume qu'ils pussent se montrer. Hélas ! le gouffre fatal ne tarda pas à s'ouvrir, & la France sembla s'y précipiter avec son Decius.

Ce défi fut comme le dernier effort de cet héroïsme qui s'étoit agrandi à mesure que l'avancement de la Constitution lui avoit rendu son ouvrage plus précieux, & lui avoit inspiré de plus

grandes inquiétudes. Mais ces inquiétudes ne fai-
foient que ranimer fon ardeur & redoubler fes
foins. On connoît les mefures que fa vigilance &
fa fageffe lui ont fuggéré, dans diverfes occafions,
pour environner la Conftitution de la confiance
du peuple & des forces de l'Etat, pour la faire ref-
pecter par nos rivaux & par nos ennemis. Ces
mefures l'obligeoient de balancer les intérêts des
Nations de l'Europe, de calculer leurs forces,
d'étudier leur marche, de deviner même les fecrets des cabinets. Son habileté & fes fuccès dans
cette fcience difficile, font particulierement conf-
tatés par ce difcours juftement célebre, où font
difcutés avec tant d'éloquence & de raifon, les
moyens d'éviter fans foibleffe le fléau de la guerre,
& de remplir nos engagemens envers l'Efpagne,
fans nous compromettre avec cette Nation dont
l'exemple nous a aidé à conquérir notre liberté.
Là font pefés avec équité les droits des peuples;
là eft exprimé, avec une merveilleufe énergie,
ce vœu fublime d'une paix univerfelle, regardé
jufqu'à préfent comme le rêve d'un homme de
bien, & qui femble fe réalifer à la voix de Mirabeau. Là refpire l'amour des hommes, là
font développés les nœuds de fraternité avec lefquels la Philofophie travaille à unir les Nations.
Les préjugés & les tyrans confpirent encore contre cette heureufe fédération du genre humain;
mais elle a commencé par notre renonciation à

toute conquête, à toute guerre offenſive. Voilà les idées conſolantes dont s'enivroit avec délices l'ame de notre Héros ; voilà les vues ſublimes qu'il propoſe à l'émulation des peuples ; mais ce qui doit ſur-tout frapper dans ce diſcours, c'eſt l'accord de ces conſidérations philoſophiques avec les meſures que commandoit, dans ce moment, la ſituation politique de l'Europe.

. Ainſi conciliant notre beſoin de la paix avec la ſureté de l'Etat , il ranimoit nos eſpérances, en nous découvrant les reſſources & les intérêts des puiſſances voiſines ; il diſſipoit nos craintes par le tableau de nos forces ; il donnoit aux cabinets de l'Europe l'exemple d'une politique franche, & provoquoit leur généroſité. Mais en mêmetemps pour nous raſſurer ſur les obſcurités de l'avenir, pour nous prémunir contre les baſſes entrepriſes d'une politique inſidieuſe, & ſur-tout pour maintenir la paix, en faiſant reſpecter nos frontieres & nos ports , on l'a vu s'empreſſer de déployer une partie de notre puiſſance toutes les fois que le moindre nuage élevé ſur l'horizon a pu inſpirer quelque défiance. On ne peut ſe diſſimuler que c'eſt à ces ſages précautions que nous avons dû cette tranquillité contre laquelle les ennemis de la révolution n'ont ceſſé de conſpirer. Quand Mirabeau propoſa d'élever nos forces navales au niveau de celles de l'Angleterre, le Gouvernement Britannique témoigna une ſurpriſe finguliere, & Pitt laiffa voir un fecret déplaifir qui fembloit décéler des vues hoftiles. Ce Miniftre ambitieux s'étoit-il laiffé bercer par les vains encouragemens & les vagues promeffes de ce vil intrigant, de ce courrier de l'ariftocratie, qui a porté dans toutes les Cours fon audace & fa baffeffe ? Ou bien, foulant aux pieds l'opinion publique, bravant une Nation conjurée même avant nous contre les tyrans, avoit-il réfolu d'agiter un moment l'Europe, & d'enfevelir fa gloire dans cette fecouffe, joyeux de s'être oppofé à notre profpérité ? J'ignore à quels indignes excès peut fe porter une baffe jaloufie, une ambition préfomptueufe, & le défir de fatiguer un moment la renommée ; mais je ne puis douter que la prévoyance de Mirabeau n'ait fait avorter quelque coupable deffein. Certes, ils ne pouvoient échapper à fa vigilance les projets audacieux de de nos adverfaires, & ils ont toujours échoué par fes foins. Lorfqu'il propofoit des mefures, il en fentoit la preffante néceffité ; auffi fe livroit-il aux plus violens accès du patriotifme, fi l'on vouloit les rejeter comme inutiles. Grâces à cette courageufe intrépidité, notre pavillon national vogue fur les mers, & nos vaiffeaux portent dans toutes les contrées ce fignal de la paix, cette livrée glorieufe des enfans de la liberté. Le refpect des deux mondes venge ces couleurs nationales des coupables infultes de nos confpirateurs.

Ceux - ci lui avoient paru plus dangereux que nos rivaux ; auffi avoit-il oppofé, aux menaces des mécontens, ces légions de citoyens armés, créées pour ainfi dire en un inftant, & d'un feul mot ; ces braves défenfeurs de la Conftitution, qui, dès fa naiffance, ont formé autour d'elle une barriere impénétrable. Il avoit réprimé les mouvemens des factieux par cette belle Loi fur les attroupemens, qu'il a fi heureufement adaptée au régime de la liberté, & par le frein de cette autorité municipale que le peuple doit chérir comme fon ouvrage le plus immédiat & l'image la plus pure de l'autorité paternelle.

En vain ai-je tenté de ramener fous vos yeux le tableau rapide de tout ce qu'a fait pour la France, dans moins de deux ans, le génie merveilleux de Mirabeau. En vain ai-je entrepris d'embraffer dans ce difcours, la carriere immenfe qu'il a parcourue, comme un géant, franchiffant tous les intervalles, furmontant tous les obftacles, & marquant chaque pas par la ruine de quelque abus, par la défaite de quelque tyrannie, par la chûte de quelque faction. Tandis qu'emporté par un zele fupérieur à mes forces, je confumois de longues veilles à méditer fes glorieux travaux, j'ai fenti mon corps s'affoiblir, & la fatigue ayant fufpendu le bienfait

des alimens, m'a laissé en proie à la douleur (1).
Arraché malgré moi à une étude qui faisoit mes
délices, je n'ai pu recueillir tant d'écrits précieux, tant de faits mémorables fur lefquels je
me tais à regret. Ange tutélaire de ma Patrie,
combien de fois ai-je lutté contre la souffrance
qui étoit venue foudainement m'affliger ! Pour ré-
veiller mes efprits affoupis, je relifois tes productions fublimes ; mais bientôt accablé par l'attention conftante de l'admiration, ne pouvant
réfifter aux mouvemens impétueux de ta divine
éloquence qui agitoient trop vivement mon ame,
j'étois forcé de renoncer au bonheur de m'occu-
per de toi. Quels regrets amers j'éprouvois en
voyant s'éloigner le jour défiré où je devois te
préfenter l'hommage de tes plus zélés admirateurs !
Le découragement s'emparoit de moi, & dans ce
double abattement de l'ame & du corps, appelant
ton image à mon fecours, j'ai verfé bien des larmes
en fa préfence. Je ne pouvois fonger, fans un jufte
dépit, qu'à l'âge où je faifois d'impuiffans efforts
pour te donner quelques éloges, tu avois déjà
rempli l'Europe de ta renommée, vengé des

______

(1) La fociété des Amis de la Conftitution avoit
d'abord demandé à fon Orateur de hâter l'hommage
qu'elle vouloit rendre à Mirabeau. Le défir de feconder
cet empreffement, nuifit au Panégyrifte, qui tomba
malade.

Etats opprimés & proclamé les droits sacrés des Nations. Je reportois avec complaisance mes regards éblouis sur les premiers jours de ta gloire, & dans une douce illusion, j'aimois à croire que mon ame, à cette vue, se rechaufferoit d'une noble émulation, & du courage dont j'avois besoin pour suivre, dans sa marche triomphante, le premier de nos Législateurs, le plus grand de tous les génies qui se soient occupés du bonheur des hommes...... O sage Lycurgue ! ô pieux Numa ! je n'ai entendu qu'avec un saint respect vos oracles sacrés ; j'admire les prodiges que vous avez opéré ; mais sans l'intervention des Dieux, sans l'heureux stratagême d'un commerce secret entre le ciel & vous, les efforts de votre sagesse eussent été vains. Mirabeau n'a pas eu besoin de pareils prestiges : sa grande ame est le vrai miracle qui a prouvé sa mission ; son éloquence est l'arme puissante avec laquelle il a tout conquis.

Et ne croyez pas qu'il ait eu moins de difficultés à vaincre que ces anciens Législateurs. L'esprit de liberté qui fermentoit dans Lacédémone, n'attendoit que le génie de Lycurgue qui vînt le diriger. Numa trouva dans les premiers Romains des hommes farouches, mais non pas corrompus. Tous deux n'eurent à étendre leurs soins que sur un peuple peu nombreux. La Religion & ses Ministres favoriserent leurs vues ; la haine de l'ancien Gouvernement chez les Spartiates, le besoin de la

paix chez les Romains , leur firent accueillir avec
tranfport des Lois nouvelles. Mais Mirabeau ne
trouva dans les Français qu'un peuple accoutumé
à la fervitude , qui bornoit fon ambition à porter
des chaînes dorées ; un peuple épuifé par les combats fous un Monarque orgueilleux , livré aux
horreurs des guerres civiles par des Moines into-
lérans, ruiné par des intrigantes & des roués fous
un Régent libertin , gouverné par des Prêtres
ignorans, ou par leurs valets, fous un Roi qui
trompa bien cruellement fon amour ; un peuple
enfin garrotté par les triples chaînes du defpotifme miniftériel, de l'orgueil des Parlemens & de
l'avarice du Clergé. Que d'efforts il a fallu faire
pour dompter ces monftres redoutables ! Ils fe
font débattus long-temps , & près de fuccomber,
dans les derniers accès de leur rage , ils ont vomi
la difcorde & la fuperftition. Mirabeau a voulu
prévenir leurs ravages, & nous prémunir contr'eux,
en dévoilant leur fourberie & leur férocité. Il a imprimé un figne de réprobation fur le front des loups
dévorans & des tigres farouches qui s'étoient cou-
verts de la peau des brebis innocentes , pour femer
le trouble & le carnage dans la bergerie ; ou ,
pour parler fans figures , un ferment folennel a
chaffé de l'Eglife du Seigneur les Miniftres re-
belles, & placé dans le fanctuaire des Pafteurs
fidelles, éclairés, pacifiques, qui béniffent le peuple & détournent de fa tête les malédictions &

lés anathêmes qu'on ose lancer sur lui au nom d'une Religion de paix & d'un Dieu de miséricorde.

Tant de chaînes brisées, d'erreurs combattues, d'abus réformés, de tyrannies détruites ; tant de longues veilles, de pénibles combats, de travaux immenses ont épuisé les forces de Mirabeau. Ce corps robuste, travaillé par les agitations continuelles d'une ame infatigable, succombe sous ses efforts redoublés. Rassemblons-nous autour du lit de ce grand homme, & recueillons ses derniers bienfaits. Que la douleur se taise, & que la France écoute, dans un religieux silence, les paroles sacrées de son Libérateur mourant. Nos larmes & nos sanglots formeroient un contraste trop frappant avec son courage tranquille & sa noble fermeté. Nous assistons à la mort de Socrate : la sérénité qui repose sur son front, doit se communiquer à nos ames ; que la présence de ses vertus nous éleve au-dessus de toute foiblesse humaine. Voyez-le environné de ses amis fidelles, de ses domestiques en pleurs, de tout un peuple consterné. Il se partage entre les sentimens qu'excite dans son cœur ce triste spectacle. Ses jours étoient confiés à l'amitié ; son état devient plus alarmant ; son Médecin veut appeler à son aide les lumieres d'un collegue habile : non, mon ami, dit le malade, avec l'accent d'une touchante sensibilité, si je reviens à la vie, vous en auriez tout le mérite, & un autre

en

en auroit toute la gloire. Le peuple venoit autour
de sa demeure soulager sa douleur ; il sollicitoit
à chaque instant des détails sur son état : Mirabeau est instruit de ce tendre empressement : ce fut
pour lui une jouissance bien délicieuse, d'emporter
en mourant la gloire qu'il avoit le plus ambitionnée :
il m'a été si doux de vivre pour le peuple, s'écrie-
t-il, il me sera bien glorieux de mourir au milieu
de lui. Sa tête libre lui permet de calculer les
approches de la mort ; ses derniers momens sont
remplis par des soins publics ; il dépose dans les
mains de ses amis les écrits précieux qui doivent
servir de complément à son beau système de légis-
lation. Ses dernieres paroles sont des vœux pour
la Patrie ; c'étoit la divinité de son cœur ; il recueille le reste de ses forces pour lui rendre hommage. Notre bonheur l'occupe encore tout en-
tier ; on diroit qu'une intelligence supérieure anime
ses discours ; jamais ils ne furent plus touchans :
ainsi l'oiseau du Méandre rend en expirant ses ac-
cens les plus beaux. Enfin, sa voix s'affoiblit,
son ame se détache sans effort de sa dépouille mor-
telle ; Mirabeau n'est plus........ Le temple de la
Liberté a retenti de cette nouvelle désastreuse ;
le saisissement & l'effroi se sont emparés de toutes
les ames ; le peuple a fui dans son désespoir ;
l'Autel de la Patrie est déserté, il semble qu'un
culte si saint doive s'anéantir avec le Pontife qui
l'avoit établi parmi nous. Ah ! Français, rentrez

E

dans le Sanctuaire , la voix de Mirabeau s'y fait entendre encore ; une Divinité protectrice vient d'en faire un oracle immortel ; il ne cessera jamais d'animer notre courage & d'effrayer nos ennemis....... Puissances jalouses de notre gloire , & vous calomniateurs de notre bienfaisante Constitution , esclaves qui baisez vos fers , & dont les yeux fascinés ne peuvent s'ouvrir à la lumiere de la liberté ; vils agens du despotisme , conspirateurs fanatiques , apôtres de la tyrannie , réunissez tous vos efforts , osez réaliser ces menaces toujours vaines , & vous apprendrez ce que peut un peuple libre ; & , s'il le faut , nous renouvellerons le miracle des Termopiles : trois cents Spartiates peuvent encore braver trois cents mille Perses. Nous n'avons pas besoin d'un Léonidas ; de quelque côté que vous paroissiez , vous trouverez partout la statue de Mirabeau. A la premiere alarme , nous nous rallierons autour d'elle. Nous viendrons invoquer le Génie tutélaire de la France. La vue de ces traits chéris allumera dans nos ames un courage invincible. Français , freres , amis , je crois déjà voir s'opérer ce prodige !.... Puissance de l'imagination , tu m'as fait jouir d'une bien douce erreur ! Je viens d'éprouver un saint frémissement , & mes yeux fixés sur ce marbre l'ont vu s'animer ; Ange de ma Patrie , cette émotion semble m'avertir de ta présence ! Tu viens sans doute recueillir les hommages de notre piété filiale ; ton

ame plane fur nos têtes , & veille toujours à
la deftinée de cet Empire : que dis-je ? fon immenfité embraffe toutes les parties du monde ;
c'eft l'ame univerfelle qu'ont adoré les anciens ;
fa divine influence a commencé par nous le bonheur du genre humain , elle s'étendra bientôt fur
tous les peuples.

F I N.

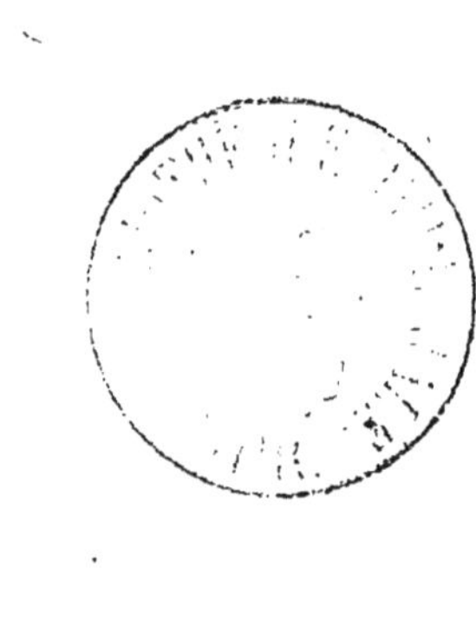